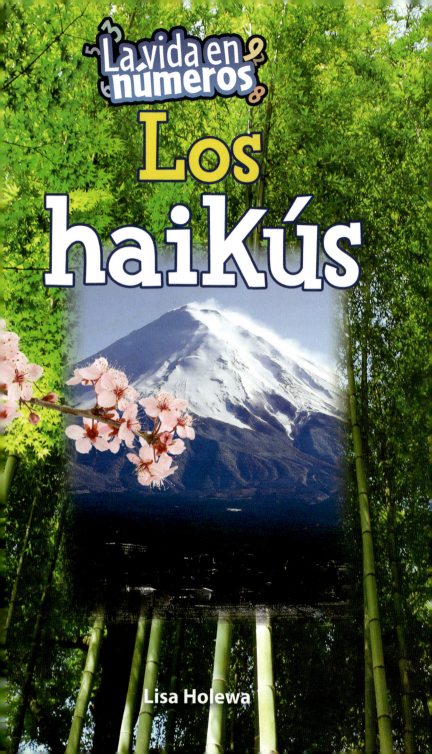

# La vida en números
# Los haikús

Lisa Holewa

## Créditos de publicación

Rachelle Cracchiolo, M.S.Ed., *Editora comercial*
Conni Medina, M.A.Ed., *Gerente editorial*
Nika Fabienke, Ed.D., *Realizadora de la serie*
June Kikuchi, *Directora de contenido*
Caroline Gasca, M.S.Ed., *Editora*
Michelle Jovin, M.A., *Editora asociada*
Sam Morales, M.A., *Editor asociado*
Lee Aucoin, *Diseñadora gráfica superior*
Sandy Qadamani, *Diseñadora gráfica*

TIME For Kids y el logo TIME For Kids son marcas registradas de TIME Inc. y se usan bajo licencia.

**Créditos de imágenes:** pág.5 Photos 12/Alamy Stock Photo; pág.13 Heritage Image Partnership Ltd/Alamy Stock Photo; las demás imágenes de iStock y/o Shutterstock.

Todas las empresas y los productos mencionados en este libro son marcas registradas de sus respectivos propietarios o creadores y solo se utilizan con fines editoriales; el autor y la editorial no persiguen fines comerciales con su uso.

**Teacher Created Materials**
5301 Oceanus Drive
Huntington Beach, CA 92649-1030
http://www.tcmpub.com
**ISBN 978-1-4258-2700-7**
© 2018 Teacher Created Materials, Inc.
Printed in China
Nordica.012018.CA21701376

# Contenido

El mundo que nos rodea...........4

Patrones .......................6

Cómo escribir haikús..............10

Hazlo tú mismo ......................18

Elegir patrones .......................26

Glosario ....................................28

# El mundo que nos rodea

¿Alguna vez has mirado con atención una piña, una hoja o una flor? Si es así, has observado **patrones**.

Hay patrones en la naturaleza. Nos muestran cómo están hechas las cosas. También nos sirven para crear cosas nuevas. Los escritores los usan. Los haikús son un ejemplo. Son poemas basados en patrones. Suelen ser sobre la naturaleza.

## Todo comenzó en Japón

El arte del haikú tiene más de 800 años. Proviene de Japón. Pero no se hizo popular enseguida. Tardó cientos de años en ponerse de moda. Los maestros del haikú como Matsuo Bashō ayudaron a lograrlo.

# Patrones

Para encontrar patrones, debes observar con atención. Comienza por hacerte preguntas. ¿Puedo ver cómo está hecho esto? ¿Veo las mismas partes una y otra vez? Si las respuestas son sí, quizá hallaste un patrón.

Las plantas y las caracolas tienen patrones. Los árboles y las alas de las mariposas también. Los patrones pueden formar triángulos. O pueden formar espirales que salen del centro.

Esta caracola forma una espiral desde el centro para que el animal que crece adentro tenga espacio.

# Patrones en la escritura

Los escritores y los poetas también usan patrones. Los poetas pueden repetir palabras o sonidos al final de cada verso. Los escritores pueden hacer todas las oraciones del mismo tamaño. A veces, la **estructura** de un poema transmite un mensaje.

Estos patrones pueden dar más fuerza a las palabras. Los haikús se basan en patrones. Sirven para que los poetas cuenten historias muy eficaces.

## Día de juego

*maggie y milly y molly y may*
*se fueron al mar (a jugar y correr)*

—E. E. Cummings

Observa los nombres del primer verso de este poema. Todos están en minúscula y comienzan con la misma letra. ¿Crees que las niñas pueden parecerse también en otras cosas?

# Cómo escribir haikús

Los haikús no tienen reglas. Pero existen algunos **rasgos** que casi todos comparten.

## Reconocer la naturaleza

La mayoría de los haikús describen escenas de la naturaleza. Pueden contar una historia sobre animales. O pueden hacer que el lector piense en algún momento del año. Las flores pueden recordarnos a la primavera. Las luciérnagas pueden usarse para describir una cálida noche de verano.

*Flor de cerezo,
un cuco, luna y nieve:
fin de otro año.*

*Versión traducida al español
de un haikú por Sanpu*

¿Qué palabras usa Sanpu para hacerte
pensar en una época determinada del año?

## Escribir tres versos

Casi todos los haikús tienen tres versos. Cada uno sigue un patrón de sonido. Estos sonidos se llaman **sílabas**. Los haikús suelen tener 17 sílabas. Los versos siguen este patrón:

*Primero, cinco.*
*Segundo verso, siete.*
*Tercero, cinco.*

¿Notaste que era un haikú?

| pez | león | jirafa |
|---|---|---|
| 1 sílaba | 2 sílabas | 3 sílabas |

Este haikú de Matsuo Bashō fue escrito en 1694.

## Un estilo distinto

El haikú japonés tiene tres partes, al igual que el escrito en español. Se escribe en versos que se leen desde arriba hacia abajo.

La mayoría de los poetas de haikús siguen los mismos patrones. También hay rasgos que casi todos tratan de evitar.

## No lo digas

Los poetas de haikús tratan de evitar decir lo que sienten. En cambio, describen una escena. Esto hace que el lector se sienta de una determinada manera. La mayoría no escribiría "me siento solo". En cambio, escribirían sobre una rana que está sola en un estanque de aguas quietas.

## No lo hagas demasiado largo

Casi todos los haikús en español tienen 17 sílabas. Los haikús en japonés siempre tienen 17 *ons*. Un *on* es un sonido que forma palabras. Los poetas que escriben haikús en español tratan de seguir el mismo patrón de sílabas. Pero no es necesario que lo hagan.

De hecho, solo hay una regla para la longitud de los haikús. El lector debe poder recitarlo de un tirón. ¡Por eso, no lo hagas demasiado largo!

¡Asegúrate de que los lectores puedan decir tu haikú sin quedarse sin aliento!

# Hazlo tú mismo

Ahora que conoces el patrón de un haikú, puedes intentar escribir uno.

## Paso 1: Observar el exterior

Si estás cerca de una ventana, mira hacia afuera. ¿Qué ves? Si en este momento no puedes ver la naturaleza, piensa. ¿Observaste algo la última vez que saliste? Tal vez viste hojas volando al viento. O quizá viste una ardilla subiendo rápidamente un árbol. Intenta capturar la escena en tu haikú.

## Desde el escritorio de...

Puedes escribir haikús sin estar en la naturaleza. Solo imagina qué podrías ver. Estos poemas se llaman "haikús de escritorio". No se escriben a partir de un momento real, sino de uno imaginado o recordado.

## Paso 2: Escribir todo

Después de elegir la escena que quieres compartir con el lector, comienza por escribir una oración. Describe lo que viste. Intenta que el lector vea lo mismo.

No te preocupes si aún no parece un haikú. Solo escribe tus ideas en un papel.

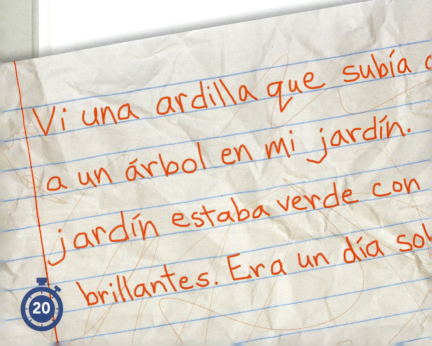

Vi una ardilla que subía a un árbol en mi jardín. jardín estaba verde con brillantes. Era un día sol

## Paso 3: Reordenar

Después de escribir sobre tu imagen, puedes convertirla en un haikú. Intenta dividirla en tres versos. Quizá necesites agregar o cambiar una idea.

Ahora cuenta las sílabas de cada verso. ¿Puedes ajustar tu idea para que tenga 17 sílabas? Si no puedes, ¡no te preocupes! Solo asegúrate de que el lector pueda decirlo de un tirón.

## Paso 4: Compartir tu escena

Cuando termines, comparte el haikú con tus amigos y tu familia. Pregúntales si sienten lo mismo que sentiste tú al escribirlo. Si no es así, vuelve a **revisar** tu trabajo. Al terminar, escribe tu haikú en otra hoja. ¡Luego muéstralo!

### Mes Nacional de Escritura de Haikús

Escribe un haikú por día durante febrero. Es cuando tiene lugar el Mes Nacional de Escritura de Haikús. Comenzó en Estados Unidos. Pero se ha difundido por todo el mundo.

# Elegir patrones

Como has leído, estamos rodeados de patrones. Están en la naturaleza y en la escritura. Los poetas los usan para que sus escritos tengan más fuerza.

Tú también puedes encontrar y usar patrones. Lee algunos haikús. Observa si puedes identificar algún patrón. Luego, intenta agregar alguno en tus escritos. ¡Pronto serás un experto en patrones!

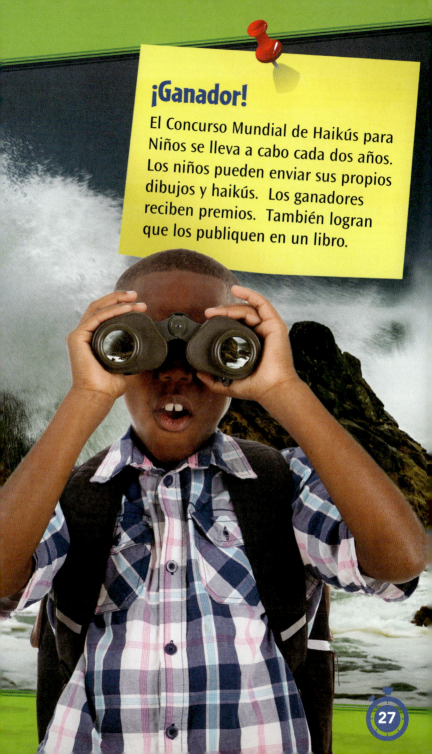

## ¡Ganador!

El Concurso Mundial de Haikús para Niños se lleva a cabo cada dos años. Los niños pueden enviar sus propios dibujos y haikús. Los ganadores reciben premios. También logran que los publiquen en un libro.

# Glosario

**estructura**: la forma en que algo está armado u organizado

**patrones**: cosas que se repiten

**rasgos**: aquello que hace distintas a las personas o a las cosas

**revisar**: hacer cambios para corregir y mejorar algo

**sílabas**: las partes en que se dividen las palabras cuando se las dice en voz alta